8° Pièce
3151

MINISTÈRE DE LA GUERRE

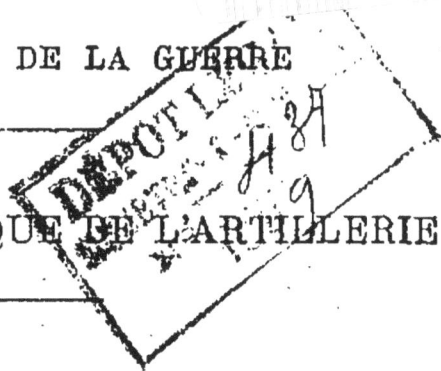

COMITÉ TECHNIQUE DE L'ARTILLERIE

INSTRUCTION

RELATIVE A L'EMPLOI

DE LA

VOITURE DE COMPAGNIE

——o⚬⦂⊙⦂⚬o——

PARIS

LIBRAIRIE MILITAIRE BERGER-LEVRAULT ET Cⁱᵉ

Éditeurs de l'*Annuaire de l'Armée*

5, RUE DES BEAUX-ARTS, 5

Même maison à Nancy.

INSTRUCTION

RELATIVE A L'EMPLOI

DE LA

VOITURE DE COMPAGNIE

Pièce

8°F

3151

MINISTÈRE DE LA GUERRE

COMITÉ TECHNIQUE DE L'ARTILLERIE

INSTRUCTION

RELATIVE A L'EMPLOI

DE LA

VOITURE DE COMPAGNIE

PARIS

LIBRAIRIE MILITAIRE BERGER-LEVRAULT ET Cie

Éditeurs de l'*Annuaire de l'Armée*

5, RUE DES BEAUX-ARTS, 5

Même maison à Nancy.

INSTRUCTION

RELATIVE A L'EMPLOI

DE LA

VOITURE DE COMPAGNIE

———•⚬⧓⚬•———

La voiture de compagnie[1] à deux roues est destinée au transport des munitions et des outils de pionniers d'une compagnie d'infanterie.

Dans chaque bataillon, les voitures des 2e et 3e compagnies portent, en outre, chacune un bras de limonière, ferré, de rechange, et la voiture de la 4e compagnie la collection d'objets de campement pour l'attache des chevaux.

Dans chaque régiment (ou bataillon formant corps), la voiture de la 1re compagnie du 1er bataillon est munie d'une caisse d'outils d'art; la voiture de la 2e compagnie du 1er bataillon transporte une caisse à pétards modèle 1886 et l'outillage afférent à l'emploi de ces pétards; la voiture de la 3e compagnie du même bataillon transporte une caisse à détonateurs.

La voiture de compagnie ne doit dans aucun cas recevoir d'autre surcharge que celles prévues par la présente instruction.

———

1. Cette voiture remplace le caisson de bataillon, le mulet porteur d'outils de compagnie et la voiture d'outils de pionniers de régiment, qui sont supprimés.

Cette voiture est attelée de deux chevaux ayant chacun leur conducteur.

Description de la voiture.

Voiture de compagnie modèle 1891.

La voiture de compagnie modèle 1891 comprend les parties indiquées ci-après, savoir :

a) Deux brancards assemblés entre eux par des entretoises et des épars supportant un fond ;

b) Deux côtés formés chacun de deux ranchets, d'une ridelle et de planches ;

c) Un bout de devant comprenant des montants, des traverses et des planches ;

d) Un coffre de dessous formé de côtés, d'un bout et d'un fond, le tout supporté par des étriers en fer ; ce cadre est fermé à l'arrière par un abattant maintenu par deux tourniquets et deux moraillons ;

e) Deux bras de limonière réunis aux extrémités de devant des brancards par des boulons ;

f) Deux coffres à munitions fixés sur le fond et aux côtés par des harpons et des équerres ;

g) Un liteau de fond fixé dans le compartiment d'avant formé par l'espace compris entre le bout de devant et les extrémités des coffres ;

h) Deux galeries s'élevant sur les côtés de la voiture et composées de montants et de tringles ;

i) Deux ressorts réunis aux brancards par des mains et des menottes ;

j) Un essieu coudé n° 4 *bis*, garni de rondelles de collet et d'écrous d'essieu ; les ressorts sont fixés sur l'essieu par des étriers ;

k) Deux roues n° 2 ;

l) Un frein à patins et à vis qu'on actionne du côté droit de la voiture, à l'aide d'un volant ;

m) Deux palonniers portés : l'un par un étrier fixé contre l'entretoise de devant, l'autre par un bras de palonnier placé du côté droit de la voiture ;

. *n*) Deux supports de palonnier extérieur fixés sur les ranchets de droite ;

o) Deux crochets de bras de limonière fixés vers l'extrémité antérieure de ces bras ;

p) Deux chaînes de bout de limonière avec crochets fixées aux extrémités des bras de limonière par des anneaux à pattes ;

q) Deux chambrières[1] placées l'une à l'avant et l'autre à l'arrière et destinées à supporter la voiture lorsqu'elle n'est pas attelée ;

r) Enfin, deux supports de chambrière placés sous la voiture et destinés à maintenir les chambrières relevées lorsque la voiture est attelée.

La voiture porte également les ferrures et les courroies ci-après :

1° A l'extérieur, sur le bout de devant : deux anneaux porte-canon, deux crochets porte-crosse, une courroie d'attache de fusils et deux crampons de courroies de bâche ; contre le ranchet de devant de droite : une bride et un anneau porte-clef d'écrous d'essieu ; contre les planches

---

1. Les chutes de la voiture sur les bras de limonière en amènent fréquemment la rupture. On doit donc avoir soin, avant de dételer, d'abattre les deux chambrières et de serrer le frein à fond pour immobiliser la voiture.

du côté droit : un porte-fouet ; contre le côté gauche : une bride de boîte à graisse ; sur les brancards et l'entretoise de derrière : des dés de brêlage de bâche ; contre le derrière des coffres à munitions : quatre brides d'agrafes de gaines de scies passe-partout ;

2º A l'intérieur, contre la paroi de droite : une bride porte-serpes et un porte-écrous d'essieu de rechange ; contre la paroi du bout de devant : trois courroies porte-traits de rechange ; sur le fond de la voiture, à l'arrière : un piton et une bride destinés à fixer la caisse d'outils d'art ;

3º Sous le fond de la voiture, à l'avant : un crochet porte-seau d'abreuvoir.

Les voitures affectées aux 2e et 3e compagnies de chaque bataillon portent, en outre, trois courroies nécessaires au brêlage du bras de limonière de rechange.

Voiture de compagnie modèle 1887-1891.

Cette voiture ne diffère de la précédente que par les points suivants :

Elle n'est pas suspendue ; l'essieu est droit et traverse le coffre de dessous ; ce coffre est garni d'un faux fond affleurant le dessus de l'essieu ; les côtés de la voiture occupent toute la longueur de celle-ci, tandis que ceux de la voiture modèle 1891 ne servent qu'à fermer le compartiment de devant ; les brides d'agrafe de gaines de scies passe-partout sont fixées sur les ridelles au lieu de s'attacher sur les coffres à munitions ; la voiture porte deux chambrières en arrière au lieu d'une; le liteau de fond du compartiment d'avant est remplacé par une planche de séparation; enfin, ces voitures ne portent pas de bras de limonière de rechange.

Chargement en outils de pionniers et munitions.

Outils de pionniers. — Les voitures des deux modèles reçoivent, dans le coffre de dessous, les outils de pionniers d'une compagnie, savoir :

16 pelles rondes, 2 pelles carrées	Sur le fond du coffre, les bouts des manches en avant, les fers se recouvrant en écailles de poisson.
4 haches de bûcheron .	Sur les manches des pelles, les fers en avant touchant le bout du coffre, le taillant tourné vers le milieu du coffre. (Dans la voiture M^le 1887-1891, les fers tournés en sens inverse, touchant le corps de l'essieu.)
12 pioches.	Par-dessus les haches et les pelles, 8 les fers en avant et 4 les fers en arrière du coffre. (Dans le coffre de la voiture M^lo 1887-1891, les pioches dont les fers sont placés en avant reposent sur le faux fond.)

*

2 manches de pelle, 2 manches de pioche ou de hache. . } de rechange. { Par-dessus le chargement, deux par deux contre chacun des côtés du coffre. (Dans la voiture M^le 1887-1891, les manches reposent sur le faux fond.)

Elles reçoivent, en outre, dans le compartiment de devant :

2 serpes. . . . . } Engagées dans la bride porte-serpes, fixée sur la paroi intérieure du côté droit de la voiture.

Objets de campement pour l'attache des chevaux.

La voiture attribuée à la 4e compagnie de chaque bataillon porte en supplément la collection d'objets de campement désignée ci-dessous :

2 grands piquets d'attache. . . . .
2 petits piquets d'attache. . . . .
1 corde à chevaux . . . }

Superposés sur le fond de la voiture, entre les deux coffres, près du liteau de fond ou de la planche de séparation. La corde à chevaux est préalablement repliée 8 fois sur elle-même, sur une longueur de 60 centimètres environ, en commençant de côté de la maille; le bout opposé est entouré sur le paquet ainsi formé de manière à obtenir un cylindre d'environ 18 cen-

2 grands piquets d'atta-
che. . . . .

2 petits piquets d'atta-
che. . . . .

1 corde à chevaux . . .
(*Suite.*)

timètres de diamètre, puis le T et la chaîne sont passés dans la maille et dans les 8 boucles formées par les replis de la corde. Ces objets, disposés comme il vient d'être dit, sont assujettis au moyen d'un cordage de 10 millimètres de diamètre et 90 centimètres de longueur, passé dans les 4 anneaux des piquets, dans la maille de la corde à chevaux et dans le trou du liteau de fond ou de la planche de séparation, et arrêté ensuite par un nœud droit.

1 masse de campement.

Placée dans le compartiment d'avant, le manche parallèle au bout de devant de la voiture.

Outils supplémentaires et caisse d'outils d'art.

La voiture attribuée à la 1re compagnie du 1er bataillon porte en supplément les objets désignés ci-dessous, qui peuvent d'ailleurs, en cas de besoin, être réunis en totalité ou en partie à l'une des autres compagnies du régiment :

3 pinces. . . . .

Dans le compartiment d'avant, entre le bout des coffres et le liteau de fond. (Dans la voiture

3 pinces (*suite*)	M^le^ 1887-1891, entre le bout des coffres et la planche de séparation.
4 scies passe-partout. .	Dans leurs gaines, accrochées aux brides des côtés.
1 caisse d'outils d'art. .	Fixée à l'arrière, à ses ferrures.

La caisse d'outils d'art renferme :

    1 burin de serrurier ;
    1 bédane de serrurier ;
    1 ciseau-bédane ;
    1 ciseau de charpentier ;
    1 hache à main ;
    2 limes tiers-points ;
    1 marteau de charpentier ;
    1 plane de charron ;
    1 rénette tourne-à-gauche ;
    1 scie égohine ;
    2 tarières (1 creuse et 1 torse) ;
    1 tenaille ;
    2 vrilles ;
    1 pierre à effiler ;
    2 kilogrammes de pointes ;
    1 masse à tranche moyenne ;
    1 pince à main, coupant de devant ;
    1 pince à main plate ;
    8 poignées de scies passe-partout.

Munitions. — Le chargement des coffres à munitions comprend des cartouches d'infanterie M^le^ 1886 disposées en trousses de 8 paquets de 8 cartouches.

Chaque coffre contient : 128 trousses, soit 8,192 cartouches et 12 bissacs.

Mode de chargement. — Nettoyer l'intérieur du coffre ; former sur le fond une couche de deux rangées de vingt trousses chacune placées de

Plan de la couche inférieure.

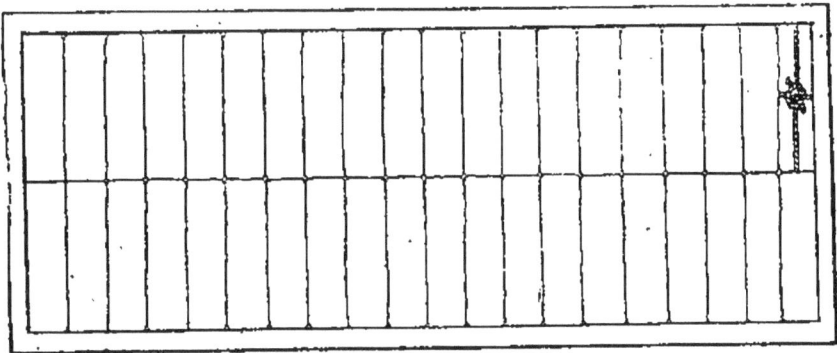

Plan des couches supérieures.

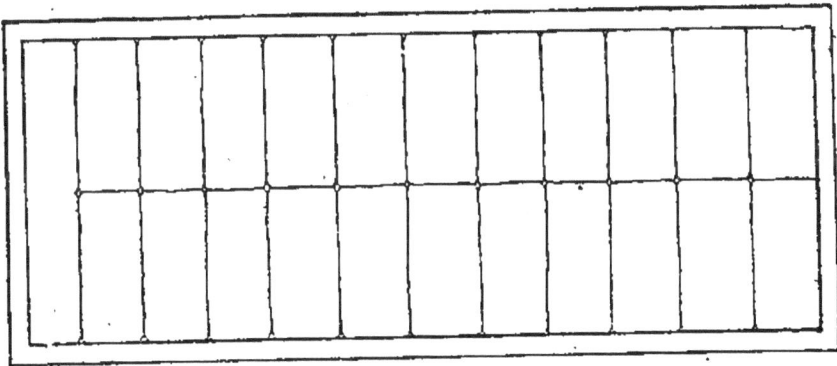

champ, leur longueur dans le sens de la largeur du coffre. Dans cette couche, on aura soin de ficeler en croix une trousse qui sera placée contre l'un des bouts du coffre et par laquelle on com-

mencera le déchargement de cette couche. Au-
dessus de cette première couche, établir quatre
couches de deux rangées de *onze trousses* chacune placées à plat, leur longueur dans le sens
de la largeur du coffre, en commençant par le
bout du coffre qui se trouve vers le devant de la
voiture. Garnir le vide existant entre les trousses
des quatre couches supérieures et le bout du
coffre situé vers le derrière de la voiture avec le
plus grand nombre possible de bissacs, pliés en
quatre dans le sens de la longueur. Étendre sur
la dernière couche le nombre de bissacs nécessaires pour assurer avec ces bissacs une pression
énergique du couvercle et fermer le coffre.

Les bissacs qui ne pourront être placés dans
les coffres seront pliés en trois, dans le sens de
leur largeur, et brêlés aux courroies porte-traits
de rechange, avec l'étui de traits.

Déchargement. — Habituellement, les car-
bouches seront distribuées en une seule fois. Si
l'on doit faire usage des bissacs, chacun d'eux
reçoit 19^k,200. Quand on sera amené à ne distri-
tuer qu'une pártie des munitions, il conviendra
de décharger les trousses successivement par
rangées, de manière que l'équilibre de la voiture
ne soit jamais détruit.

Transport des explosifs.

La voiture attribuée à la 2e compagnie du
1er bataillon porte en supplément une caisse à

pétards, fixée à l'arrière de la même façon que la caisse d'outils d'art.

La voiture attribuée à la 3e compagnie du même bataillon porte en supplément une caisse à détonateurs fixée à l'arrière, sous la voiture, par 3 boutons qui traversent le fond du coffre de dessous affecté aux outils de pionniers.

La caisse à pétards renferme :

108 pétards modèle 1886 { Répartis dans quatre boîtes en zinc, placées debout dans chacune des quatre cases de gauche de la caisse, la poignée en dessus.

4 marteaux à panne fendue . . . .
1 tarière à vrille de 42 millimètres de diamètre . . . .
1 manche de tarière . .
4 nécessaires en toile. .
4 briquets avec pierre à feu et mèche. . . . .
0 kilogr. 480 de ficelle de 1 mill. 5 de diamètre . . . .
0 kilogr. 800 de clous d'épingle à tête plate, de 50 millimètres de longueur . . . . . .
{ Dans le compartiment de droite de la caisse.

Étoupes ou crin végétal. { Répartis sur les boîtes à pétards et dans le compartiment de droite pour assurer la stabilité du chargement.

La caisse à détonateurs renferme :

48 détonateurs. . . . . } Répartis dans quatre boîtes en zinc, placées debout dans chacune des quatre cases de la caisse.

Détail du chargement des caisses et boîtes à pétards et à détonateurs.

Boîte à pétards. — Retirer le couvercle et nettoyer l'intérieur de la boîte; poser la boîte debout, sur le côté opposé à celui qui porte la poignée en sangle, l'ouverture en avant; disposer sur le fond une première couche de 3 pétards à plat, le coiffage en arrière [1]; sur cette première couche, en placer huit autres semblables, soit en tout 27 pétards. Un des pétards placés vers le milieu du chargement est entouré longitudinalement d'un ruban de tirage en fil de 5 millimètres de largeur et de 600 millimètres de longueur, pour faciliter l'extraction.

Assujettir le chargement, si besoin est, au moyen d'étoupes bien cardées interposées entre les rangées extrêmes et les parois de la boîte.

Coucher la boîte sur le côté opposé à l'ouverture; étendre, s'il y a lieu, un lit d'étoupes sur la partie supérieure des pétards pour assurer une

---

1. Cette disposition a pour but d'empêcher que l'on ne se serve de l'anneau de coiffage pour extraire les gros pétards de leur boîte; cet anneau ne doit servir qu'à arracher la bande de coiffage au moment où l'on amorce le pétard.

pression convenable du couvercle et glisser ce dernier dans ses coulisses.

Caisse à pétards. — Nettoyer la caisse avec soin, en la retournant au besoin.

Placer une boîte à pétards debout dans chacune des quatre cases de gauche de la caisse, la poignée en dessus.

Disposer deux marteaux à plat sur le fond du compartiment de droite, tête-bêche, les pannes en dedans ; sur ces marteaux en poser deux autres de la même façon. Envelopper de chiffons ou d'étoupes la vrille et la partie coupante de la tarière ; placer la tarière sur l'une des piles de marteaux et son manche sur l'autre pile.

Introduire dans la poche supérieure de chaque nécessaire 200 grammes de clous d'épingle (ces clous sont réunis en 2 paquets de 100 grammes chacun enveloppés de chiffons et ficelés) ; 1 briquet contenant une pierre à feu et muni d'une mèche de 20 centimètres de longueur ; 120 grammes de ficelle, en 3 paquets de 40 grammes chacun, ayant sensiblement la longueur de la poche ; boucler la patelette qui recouvre cette poche. Replier la poche inférieure sur la poche supérieure et disposer les quatre nécessaires sur les marteaux et la tarière.

Assujéttir le chargement en comblant avec des étoupes ou du crin végétal[1] les vides laissés

---

1. Ces étoupes constituent une réserve au moyen de laquelle on peut assurer l   abilité du chargement d'une boîte à pétards inco   e   hargée.

**

dans le compartiment de droite et étendre, s'il y a lieu, sur les quatre boîtes à pétards, un lit d'étoupes suffisant pour assurer une pression convenable du couvercle de la caisse.

Rabattre le couvercle et fermer la caisse à l'aide d'un cadenas.

Boîte à détonateurs. — Retirer le couvercle et nettoyer l'intérieur de la boîte. Poser la boîte debout, l'ouverture en haut, disposer sur le fond deux boîtes en laiton[1] debout, le couvercle en haut, appuyées contre un des petits côtés; placer de la même façon deux boîtes contre le côté opposé, puis deux autres boîtes au milieu; l'une de ces dernières est entourée d'un ruban de tirage, comme il est dit ci-dessus pour les pétards.

Caler le chargement au moyen d'étoupes bien cardées, de manière à éviter tout ballottement, et glisser le couvercle dans ses coulisses.

Caisse à détonateurs. — Nettoyer la caisse avec soin. Placer une boîte à détonateurs dans chacune des quatre cases de la caisse, le couvercle en avant, l'anneau en haut. Fermer la caisse à l'aide d'un cadenas.

La description des pétards et des détonateurs et leur mode d'emploi sont donnés dans l'Ins-

---

1. Une boîte en laiton contient deux détonateurs pour pétards. Un détonateur se compose d'un morceau de mèche lente de 1 mètre de longueur muni, à l'une de ses extrémités, d'une amorce fulminante modèle 1880, et de l'autre, d'un allumeur modèle 1889.

truction sur les travaux de campagne à l'usage des troupes d'infanterie.

Objets divers portés par les voitures de compagnie.

1 paire de traits de rechange avec étui. . .	Aux courroies porte-traits fixées contre la paroi intérieure du bout de devant.
1 boîte à graisse, petite.	Dans la bride placée sur le côté gauche de la voiture, la boucle de l'anse engagée dans le crochet porte-boîte à graisse.
1 clef à écrous d'essieu, n° 2.	Dans la bride et dans l'anneau fixés sur le premier ranchet de droite.
2 écrous d'essieu, n° 2, de rechange	Dans le porte-écrous fixé contre la paroi intérieure du côté droit.
2 fusils	Dans les anneaux porte-canon et les crochets porte-crosse placés contre le bout de devant et maintenus par la courroie d'attache de fusils.
1 bâche.	Pliée de dimensions convenables et placée dans le fond, contre le bout de devant.
2 cordes de brêlage de 10 mètres de longueur et de 9 à 10 millimètres de diamètre, les bouts ligaturés. . . .	Enroulées près de la bâche.

2 havresacs et objets de\
pansage . . . .⟩ Sur la bâche et les cordes
Pour mémoire . . . . . .| de brêlage.
| Avoine et fourrage.

Les conducteurs doivent modifier la position occupée par les objets non fixés aux ferrures, de manière qu'étant eux-mêmes assis sur la partie antérieure des coffres, la voiture soit en équilibre parfait sur l'essieu.

Brêlage et emploi
du bras de limonière de rechange.

Brêlage. — Le bras de limonière de rechange est brêlé à la tringle du haut de galerie de droite de la manière suivante :

Disposer le bras de limonière à l'extérieur de la voiture, la face de dessous en dessus et au niveau de la tringle de galerie, le crochet de bras de limonière à hauteur du montant intermédiaire de devant ;

Passer le bout libre de chaque courroie de dedans en dehors et de dessous en dessus du bras de limonière, et alternativement en avant et en arrière (ou inversement) du montant de galerie, afin que les courroies ne puissent pas se rapprocher du milieu de la voiture.

La courroie de devant embrasse la chaîne de bout de limonière ; la courroie intermédiaire est placée en avant et en arrière du crochet de bras de limonière pour empêcher tout déplacement de ce bras dans le sens longitudinal.

Emploi. — Pour remplacer un des bras de limonière de la voiture par le bras de limonière de rechange, il faut :

a) *Outillage.* — Une clef à écrous[1] ou, à défaut, une paire de tenailles[2];
Un marteau;
Un poinçon ou, à défaut, une grosse pointe de Paris[3].

b) *Opération.* — Enlever les boulons qui fixent à la voiture le bras de limonière à remplacer en les chassant, les écrous étant dévissés, au moyen du poinçon ou de la pointe (appliquer la tête de cette dernière sur l'extrémité du boulon pour ne pas dégrader les filets); desserrer les écrous des harpons de l'entretoise du devant du même côté et retirer le têtard de son logement.

Ajuster s'il est nécessaire le têtard du nouveau bras de limonière et l'engager à la place de l'ancien; replacer les boulons et les écrous des harpons. (Pour raccorder, s'il y a lieu, les trous de boulons du nouveau bras de limonière avec ceux

---

1. La clef à écrous (clef anglaise) est renfermée dans la caisse aux lanternes portée par l'un des fourgons à vivres.
2. La paire de tenailles fait partie de l'outillage et des approvisionnements que contient la caisse d'outils d'art; cette caisse est portée par la voiture de la 1re compagnie du 1er bataillon.
3. Les pointes font partie de l'outillage et des approvisionnements que contient la caisse d'outils d'art; cette caisse est portée par la voiture de la 1re compagnie du 1er bataillon.

du brancard et de la bande d'attache, faire rougir une broche de fer, ou, à défaut, un des boulons du bras de limonière, et le passer aussi rapidement que possible dans les trous.)

Chargements éventuels des voitures de compagnie.

Lorsque la voiture de compagnie ne porte plus de munitions, elle peut recevoir comme chargements éventuels 54 havresacs. Suivant les circonstances, ce chargement peut se faire de deux manières différentes :

1º *Chargement régulier.* — Lorsque les cartouches transportées par les voitures de compagnie sont distribuées avant le départ des cantonnements ou des bivouacs, on procède au chargement *régulier* ainsi qu'il suit :

On ne laisse à l'extérieur que les effets ou objets qui ne peuvent affecter la forme du sac et nuire à l'arrimage régulier de ces sacs sur la voiture, comme la veste, le sac à distribution et le seau en toile. Les bidons, marmites, etc., sont retirés. Il est cependant fait exception pour les outils portatifs qui restent brêlés sur le havresac.

Les objets que l'on aura retirés du paquetage, les gamelles grandes et petites, les marmites, les nécessaires Boutéon, etc., seront placés avec ordre dans les coffres à munitions, emboîtés les uns dans les autres.

On charge ensuite les havresacs : partie dans

le compartiment de devant qui doit être débarrassé, s'il y a lieu, des effets des conducteurs et du fourrage des chevaux, partie entre les deux coffres à munitions[1]; le surplus debout en arrière des coffres, à l'extrémité de la voiture, et enfin au-dessus des coffres et des sacs déjà placés, en équilibrant bien le chargement[2].

On consolide le mieux possible ce chargement au moyen de deux cordes de brêlage fixées aux galeries latérales de la voiture et entre-croisées dans tous les sens, notamment à l'arrière.

On place le fourrage et les effets des conducteurs par-dessus le chargement et on recouvre le tout avec la bâche, comme il est indiqué plus loin.

2° *Chargement irrégulier.* — Lorsque la distribution des cartouches n'a lieu que sur le terrain même de l'engagement immédiatement avant le combat, on procède au chargement irrégulier.

A cet effet, on laisse les sacs paquetés tels qu'ils sont, sans en rien enlever, et on les place comme il vient d'être prescrit, en s'efforçant d'éle-

---

1. Excepté dans les voitures qui portent les objets de campement pour l'attache des chevaux.
2. On peut adopter la répartition suivante :
Dans le compartiment de devant : 14 havresacs à plat surmontés de 4 autres debout, le côté droit restant libre pour la manœuvre du frein.
Entre les coffres à munitions : 10 debout.
En arrière des coffres : 8 debout.
Sur les coffres : 18 à plat.

ver le moins possible la hauteur du chargement[1].

On dispose ensuite les cordes de brêlage et la bâche comme dans le chargement régulier.

Nota. — Si, *exceptionnellement,* on veut alléger la charge de *tous* les hommes, on fait enlever du sac les souliers, les guêtres en toile, les sous-pieds de rechange, la courroie de capote, la calotte de coton, les brosses, la trousse garnie et la chemise. Avec ces effets, on confectionne un petit ballot présentant le moins de volume possible.

Les indications ci-après pourront être utilement suivies pour la confection des petits ballots.

Introduire dans les souliers les sous-pieds de rechange et la brosse;

Envelopper chaque soulier dans l'une des guêtres, qu'on transforme en une sorte de fourreau en introduisant les boutons dans les boutonnières, partout où c'est possible;

Placer les souliers l'un contre l'autre, tête-bêche, les semelles en dehors;

Rapprocher les souliers le plus possible et les lier fortement au moyen de la courroie de capote;

Disposer la chemise à plat, les manches rabattues en dedans; la plier dans le sens de la longueur, en trois, de manière que la hauteur ainsi obtenue ne soit pas supérieure à 3o centimètres;

---

1. On peut adopter la répartition suivante :
Dans le compartiment de devant : 14 havresacs à plat surmontés de 4 autres debout, le côté droit restant libre pour la manœuvre du frein.
Entre les coffres à munitions : 10 debout.
En arrière des coffres : 8 debout.
Sur les coffres : 18 à plat.

Placer bien à plat, sur la chemise, la calotte de coton;

Prendre la trousse garnie et le paquet de souliers; disposer la trousse contre ce paquet, à l'endroit où elle peut faire la saillie la plus petite; rouler ces deux objets dans la chemise pliée; lier fortement le ballot, soit avec une ficelle de 1^m,5o à 2 mètres environ, soit avec l'une des courroies de côté du havresac (de préférence celle du côté droit).

Pour charger les effets sur la voiture, on commencera par remplir de petits ballots le compartiment de devant débarrassé des sacs des conducteurs et du fourrage des chevaux; on remplira de même les deux coffres à munitions et l'emplacement libre compris entre ces deux coffres en réservant celui qui est derrière ces coffres, à l'extrémité de la voiture.

On enfermera les ballots restants dans des sacs à distribution qui devront être suffisamment remplis, bien tassés et solidement noués.

On placera ensuite ces sacs sur la voiture, soit en long, soit en travers, en assurant le mieux possible l'équilibre du chargement[1]. Deux de ces sacs seront mis debout sur la partie postérieure

---

1. On peut adopter la répartition suivante :
60 ballots dans le compartiment de devant, en laissant à droite la place nécessaire pour la manœuvre du frein;
24 dans chacun des coffres à munitions;
12 entre les coffres à munitions;
65 dans deux sacs à distribution disposés à plat sur les coffres;
65 dans deux sacs à distribution placés debout en arrière des coffres.

de la voiture, appuyés contre les coffres et la première rangée de sacs mis en travers sur ces coffres.

On mettra en surcharge les effets des conducteurs et le fourrage des chevaux.

Enfin, on fixera le tout très solidement dans tous les sens au moyen des deux cordes de brêlage, et l'on recouvrira le chargement avec la bâche.

On profitera de la place laissée disponible dans le havresac par l'enlèvement des effets ci-dessus pour y introduire la veste et la préserver ainsi de la pluie ou de la poussière.

Manière de bâcher la voiture.

La bâche n'est destinée qu'à recouvrir les chargements éventuels. Elle est d'abord bouclée aux crampons fixés sur la traverse du bas du bout de devant, puis rabattue vers l'arrière sur le chargement; elle est brêlée au moyen de ses ficelles aux dés de brêlage de bâche fixés sur les brancards et sur l'entretoise de derrière de la voiture. En regard du frein, elle est attachée à la galerie sans recouvrir le volant de vis de frein.

Graissage des roues, du frein, etc.

Pour éviter des accidents ou des causes de retard pendant les marches, il est nécessaire que les voitures soient visitées chaque jour et que l'on procède au moins une ou deux fois par semaine au graissage des roues et du frein et au serrage des boulons.

Graissage des roues. — Quatre hommes sont nécessaires pour effectuer cette opération ; le rôle de chacun d'eux est indiqué ci-après :

1er. — Abattre les chambrières, si elles ne le sont déjà, caler en avant et en arrière la roue que l'on ne veut pas graisser ; desserrer le frein et maintenir la voiture par ses bras de limonière.

2e — Enlever la goupille et l'écrou d'essieu du côté de la roue à graisser.

3e — Disposer verticalement, en arrière de l'essieu et près de la roue à graisser, une cale ou un bloc de bois, de hauteur convenable, sur lequel on appuie, à la manière d'un levier, soit le timon d'une voiture à 4 roues, soit le bras de limonière de rechange d'une voiture à 2 roues ; soulever légèrement, au moyen de ce levier, la partie de la voiture correspondant à la roue que l'on veut graisser, en même temps que la roue en question, et maintenir le tout dans cette position.

2e et 4e. — Sortir la roue de l'essieu en lui imprimant, si elle résiste un mouvement de rotation en avant et en arrière et en attirant légèrement la partie supérieure de la roue vers l'extérieur de la voiture. Dès qu'elle est sortie de l'essieu, l'un des deux hommes maintient la roue verticalement ; l'autre met la graisse dans l'évidement de la boîte de la roue et sous la fusée de l'essieu, en employant à cet effet un morceau de bois taillé en spatule. Cette spatule ne doit jamais poser à terre, pour éviter de mêler à la graisse du sable ou du gravier qui, non seulement détérioreraient la fusée de l'essieu et la boîte de la roue, mais produiraient en outre de graves embarras pendant la marche.

Remettre la roue en place en lui imprimant un mouvement de rotation et en poussant légèrement sa partie supérieure vers la voiture, puis replacer l'écrou et la goupille.

Nota. — Ne pas oublier que le pas de vis des fusées est taraudé de façon que l'écrou se serre toujours dans le sens de la marche en avant; l'écrou correspondant au côté droit de la voiture est d'ailleurs marqué de la lettre D, l'autre de la lettre G.

Graissage du frein. — La vis du frein, ses supports et tous les axes d'articulation des organes doivent être lubrifiés; on doit employer à cet effet l'huile oléonaphte ou, à défaut, la graisse à essieux; mais dès qu'on s'aperçoit que cette graisse commence à se solidifier, il faut l'enlever au moyen d'un chiffon imbibé de pétrole, d'essence minérale ou d'essence de térébenthine, et recommencer l'opération de graissage.

Serrage des boulons. — Vérifier tous les boulons et serrer, à l'aide de la clef anglaise contenue dans la caisse à lanternes que porte l'un des fourgons à vivres, tous les écrous qui seraient desserrés.

Entretien des voitures. — Laver à la brosse et à grande eau aussi souvent que possible les parties couvertes de boue et de poussière.

Pendant les marches, à chaque étape, frapper

sur les rais et sur les jantes des roues ; le son produit permet de reconnaître s'ils sont fendus. S'assurer que les cercles des roues ne jouent pas. Visiter avec soin les chaînes, les freins ; vérifier si les clavettes, rondelles, écrous, lanières, goupilles, etc., n'ont pas été perdus, et resserrer au besoin les écrous.

Harnachement.

Composition des harnais attribués aux voitures de compagnie.

DÉSIGNATION DES OBJETS.	LIMONIER.	2e CHEVAL.	OBSERVATIONS.
Garnitures de tête. { Brides de harnais de conduite en guides et de limonière	I	I	
Colliers d'attache avec longe en chaîne. . .	I	I	
Guide de main de harnais de conduite en guides	I		
Croupières avec courroies trousse-traits	I	I	
Bricoles modèle 1861 avec dessus de cou.	I	I	
Traits modèle 1861 avec rallonges modèle 1888 (Paires de).	I	I	
Sous-ventrières avec porte-traits.	I	I	
Avaloires.	I	I	
Courroie de croupière . . .	»	I	
Surdos de harnais de conduite en guides.	»	I	

DÉSIGNATION DES OBJETS.	LIMONIER.	2e CHEVAL.	OBSERVATIONS.
Sellette de harnais de limo-nière.	I	»	
Dossière avec sous-ventrière de harnais de limonière. .	I	»	
Courroies de retraite	2	»	
Courroies de réunion de la bricole à l'avaloire	»	2	
Billot.	»	I	Engagé dans la maille porte-plate-longe de gauche de la bricole.
Fouet pour la conduite en guides	I		

Modes d'attelage.

La voiture est attelée de deux chevaux qui peuvent être placés côte à côte (attelage de front), ou bien l'un devant l'autre (attelage en file).

Le cheval placé entre les bras de limonière de la voiture est appelé *limonier;* l'autre est dé-nommé 2e *cheval.*

1º *Attelage de front.* — Le palonnier du li-monier est placé dans l'encoche de' gauche de l'étrier porte-palonnier; le palonnier du deuxième cheval est accroché au support placé à droite de la voiture. La longueur des traits des deux che-vaux est réglée de telle sorte que, pendant le ti-rage en ligne directe, les traits soient bien tendus.

Le deuxième cheval est relié au bras de limonière de droite par la chaîne qui se trouve à l'extrémité de ce bras et qui est accrochée au crochet de billot fixé dans la maille porte-plate-longe de la bricole.

Il importe que la longueur des traits des deux chevaux soient réglée de telle sorte que, lorsque ces traits sont tendus, les deux chevaux se trouvent à la même hauteur.

Pendant la marche, les conducteurs se tiennent assis sur la partie antérieure des coffres à munitions. Le 1er conducteur est chargé de la conduite des chevaux et du serrage du frein ; le 2e conducteur veille sur le chargement et aide le 1er conducteur.

Les deux conducteurs assurent aussi le chargement et la distribution des munitions, outils et effets, ainsi que la marche de la voiture, dans tous les terrains, au moyen des outils qu'elle transporte.

Les conducteurs ne doivent pas perdre de vue, particulièrement dans les tournants, dans les voies encombrées de troupes ou de voitures et dans les chemins étroits ou bordés d'ornières, que l'attelage ne se trouve pas dans l'axe de la voiture comme dans les voitures pourvues d'avant-trains et de timons.

Il en résulte, d'une part, que le deuxième cheval est en partie en dehors de la voie de la voiture et, d'autre part, que le tirage fait par ce cheval a toujours une tendance à porter la voiture sur la gauche.

Manière de raccourcir les traits pour l'atte-

lage de front. — Faire glisser la rallonge dans la ganse à son extrémité vers l'anneau du touret, de manière à former une boucle A (fig. 1), en ayant soin que la ganse reste rapprochée le plus possible de l'anneau du touret;

Faire glisser la ganse à l'extrémité de la rallonge vers l'anneau à piton, de manière à former une boucle B (fig. 1);

Engager la boucle A dans la boucle B (fig. 2);

Passer ensuite dans la boucle A la chaîne du bout de trait (fig. 3);

Tirer sur la chaîne pour serrer le cordage, de manière que le nœud se trouve à peu près au milieu de la rallonge ainsi raccourcie (fig. 4).

2° *Attelage en file.* — Dans les chemins étroits ou bordés d'ornières, on emploie l'attelage en file.

A cet effet, on dégage le deuxième cheval de la guide de main, puis on retire le porte-branche bouclé à la branche droite du mors du limonier, et on le remplace par le porte-guide devenu disponible du deuxième cheval. On engage ensuite de dessus en dessous les deux porte-branches qui deviennent sans emploi, dans les passes formées par les porte-guides, et on les boucle en dehors.

On développe les rallonges de traits et on accroche leurs chaînes aux crochets des chaînes des bouts des bras de limonière.

On dételle le deuxième cheval; on replace ensuite le palonnier extérieur dans ses supports fixés contre la paroi extérieure de droite de la

Fig. 1.

Fig. 2.

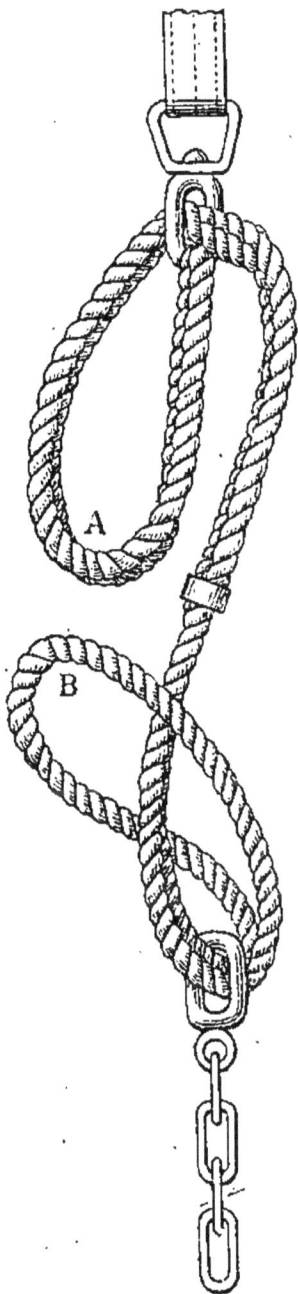

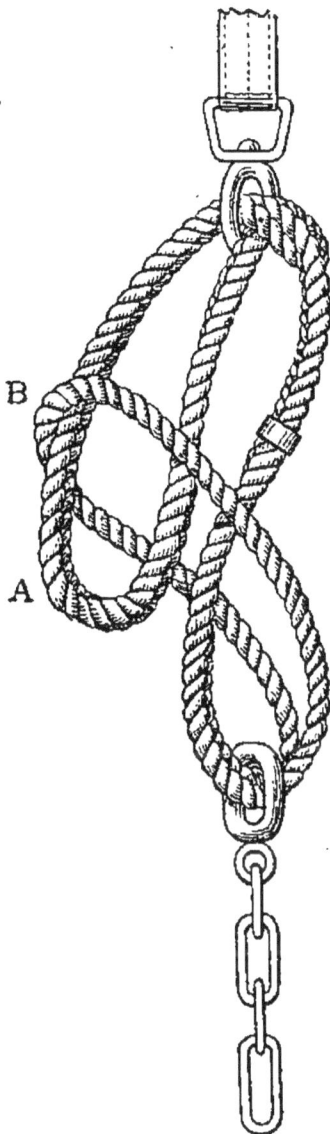

Fig. 3.

Fig. 4.

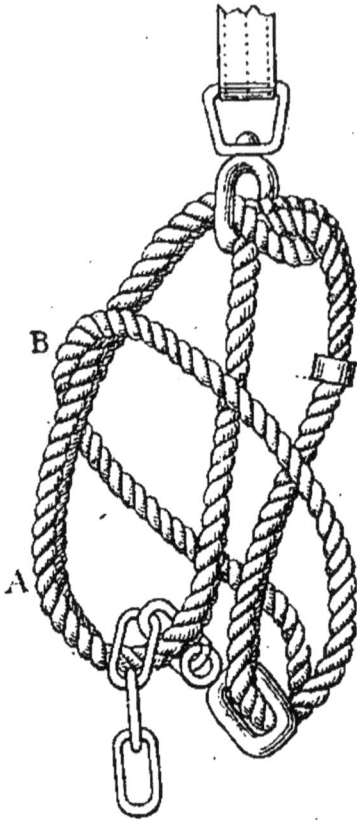

Attelage en guides à deux chevaux de front.

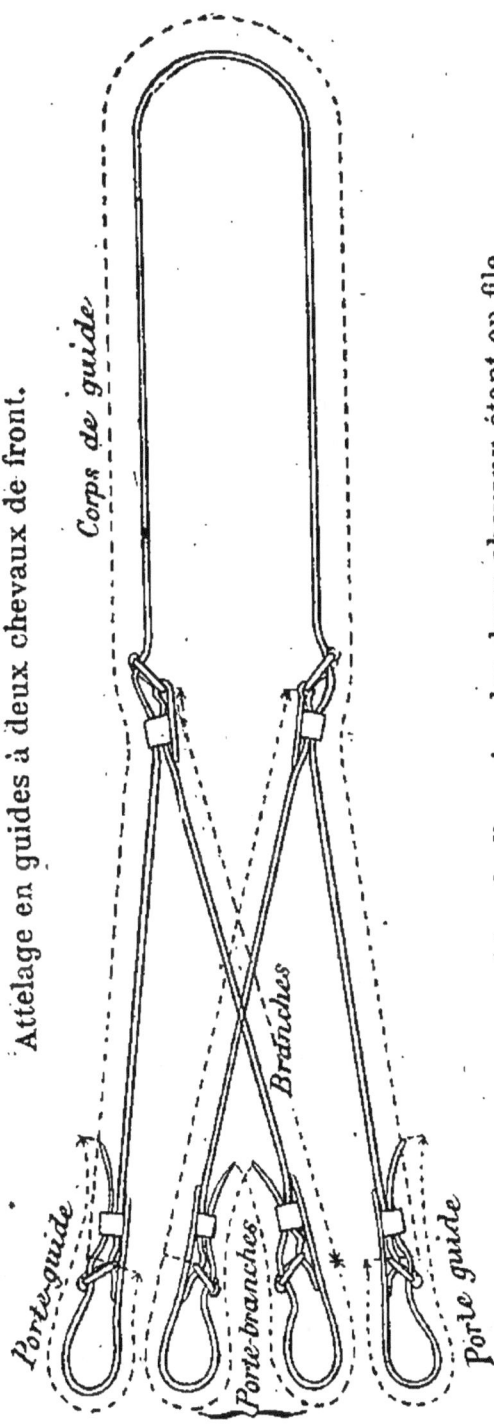

Corps de guide.

Branches.

Porte-guide.

Porte-branches.

Porte guide.

Attelage en guides du limonier, les deux chevaux étant en file.

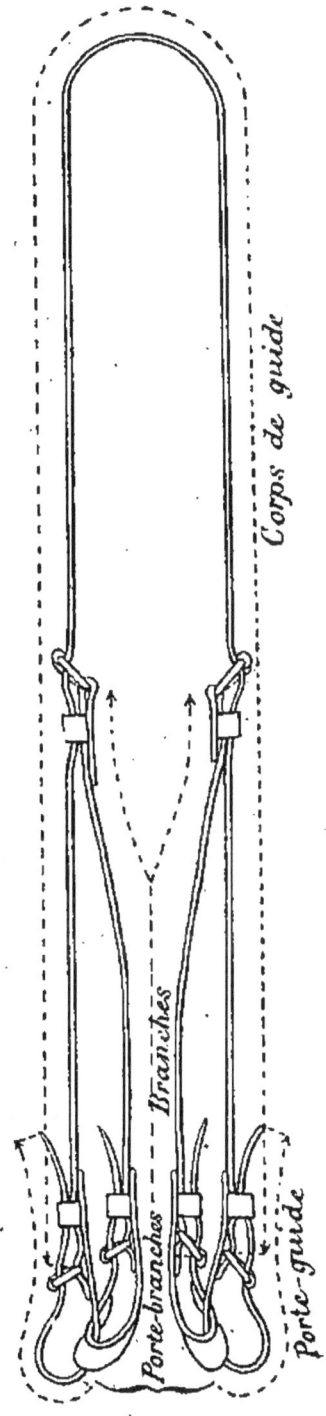

Corps de guide.

Branches.

Porte-branches.

Porte-guide.

voiture; on place le palonnier du limonier dans l'encoche de droite de l'étrier porte-palonnier, afin que ce palonnier se trouve dans l'axe de la voiture.

Pour ce dernier mode d'attelage, le limonier seul est conduit en guides par le premier conducteur assis sur le coffre à munitions de droite; le second conducteur se tient à la tête du cheval de devant.

L'emplacement habituellement occupé par les conducteurs étant utilisé pour les chargements éventuels en havresacs ou en petits ballots, il s'ensuit que, dans le cas particulier où l'on fait usage de l'un ou l'autre de ces chargements, les conducteurs doivent aller à pied et se tenir, savoir :

Dans l'attelage de front, l'un à la tête des chevaux, l'autre en arrière de la voiture, surveillant le chargement;

Dans l'attelage en file, chacun à la tête du cheval qu'il est chargé de conduire.

Emploi des voitures.

I. *Principes généraux.* — Les voitures de compagnie sont ordinairement réunies par groupe de quatre, appartenant à un même bataillon et attachées à cette unité; elles font partie du train de combat.

L'ensemble des outils et des munitions portés par les voitures d'un corps constitue l'approvisionnement du corps. Il est à la disposition de son chef; mais, en principe, les munitions portées par chaque voiture sont plus spécialement destinées à la compagnie à laquelle elle appartient.

Au combat, les voitures de compagnie ne sont point ravitaillées par les sections de munitions. Lorsque les cartouches qu'elles contenaient ont été distribuées, le chef de corps peut les utiliser à porter un poids équivalent de havresacs ou d'effets (500 kilogrammes en nombre rond) ou les employer au mieux des besoins du moment.

En toutes circonstances, et à moins d'ordres contraires, les voitures, lorsqu'elles sont chargées de munitions, suivent leur bataillon.

II. *Personnel.* — Dans un régiment d'infanterie, le personnel spécial affecté aux voitures de compagnie comprend :

1° Par régiment, un sergent-major chef artificier monté, chargé de la direction de toutes les voitures de compagnie, qu'elles soient réunies ou non ; il marche ordinairement avec le groupe des quatre voitures du 1er bataillon (ou du bataillon de tête) ; lorsque le régiment est fractionné, il marche avec la portion où se trouve le chef de corps ;

2° Par bataillon, un sergent artificier chef de groupe ;

3° Par compagnie, deux soldats conducteurs.

Le sous-officier est attaché en permanence au groupe des quatre voitures du bataillon, les deux soldats à la voiture de leur compagnie ; ils assurent le chargement et la distribution des munitions, outils, etc., ainsi que la marche de la voiture dans tous les terrains, au moyen des outils qu'elle transporte.

III. *Place des voitures*. — Dans les manœuvres, les revues et les défilés, dans les cantonnements et bivouacs, les voitures, dans l'ordre des bataillons et des compagnies, sur un ou plusieurs rangs, occupent les emplacements prévus par les règlements en vigueur pour les caissons de munitions.

Dans les marches, les voitures, groupées par quatre, marchent à la gauche de leur bataillon.

Lorsque le bataillon est fractionné :

Dans le service de marche ou de sûreté, les quatre voitures restent avec le gros ou la réserve du bataillon ;

Dans le cas où les compagnies doivent rester isolées pour une durée plus ou moins longue, le chef de corps ou de bataillon décide, suivant les circonstances, si elles doivent être suivies de leurs voitures.

IV. *Emplacement et rôle des voitures sur le champ de bataille*. — En tout temps, et spécialement au début ou dans le cours d'une action, le chef de corps peut ordonner la réunion sur un point désigné de tout ou partie de l'approvisionnement régimentaire d'outils.

Les voitures s'y portent rapidement. Les outils sont déchargés, autant que possible, sur le lieu même où doivent être exécutés les travaux ; ils sont rechargés dès qu'ils ont cessé d'être utilisés, et les voitures rejoignent aussitôt leur bataillon ou le point de rassemblement.

Lorsqu'il s'agit de réunir tout ou partie des outils sur la première ligne, on peut également faire porter les outils sur la ligne par des hommes des compagnies de réserve.

En principe, lorsqu'une troupe est sur le point d'être engagée, les cartouches des voitures de compagnie sont distribuées.

Lorsqu'une troupe est engagée inopinément avant que la distribution des cartouches ait pu avoir lieu, les voitures, sous la conduite du sous-officier chef de groupe, sont arrêtées et mises à l'abri du feu; le chef de corps ou de bataillon prend, au besoin, les mesures prescrites par l'Instruction du 25 juin 1890 sur le remplacement des munitions, pour faire parvenir aux combattants les cartouches qui leur sont destinées.

Le ravitaillement en cartouches de troupes engagées au feu se continue, s'il y a lieu, par les caissons venus des sections de munitions, sur l'ordre du général de division et par les moyens indiqués dans l'Instruction précitée du 25 juin 1890.

Le ravitaillement en explosifs se fait au parc de corps d'armée.

Lorsque les coffres à munitions ont été vidés, les voitures de compagnie, qu'elles aient ou non reçu le chargement prévu de havresacs ou d'effets, sont réunies en un seul groupe par régiment, en arrière et à une distance de 1,000 mètres au maximum de la réserve du corps, dont elles suivent le mouvement sans être tenues de se mettre en marche en même temps qu'elle.

Elles évitent de stationner dans les endroits découverts et se portent rapidement d'une position de rassemblement à une autre.

Le groupe s'organise pour la défense sur chacune des positions qu'il occupe.

Le chef artificier assure la liaison avec le corps; il reçoit les caissons venus des sections de munitions et les dirige sur le point de ravitaillement, d'après les ordres qu'il a reçus.

Après le combat, les voitures de compagnie rejoignent leurs bataillons respectifs.

Nota. — Toutes les autres dispositions prévues pour les caissons de bataillon par l'Instruction du 25 juin 1890 sont applicables aux voitures de compagnie.

Paris, le 6 juin 1898.

Le Général de Division,
Président du Comité technique
de l'Artillerie,

Approuvé.
Paris, le 12 août 1898.
Le Ministre de la Guerre,
CAVAIGNAC.

Nancy. imp. Berger-Levrault et Cie.

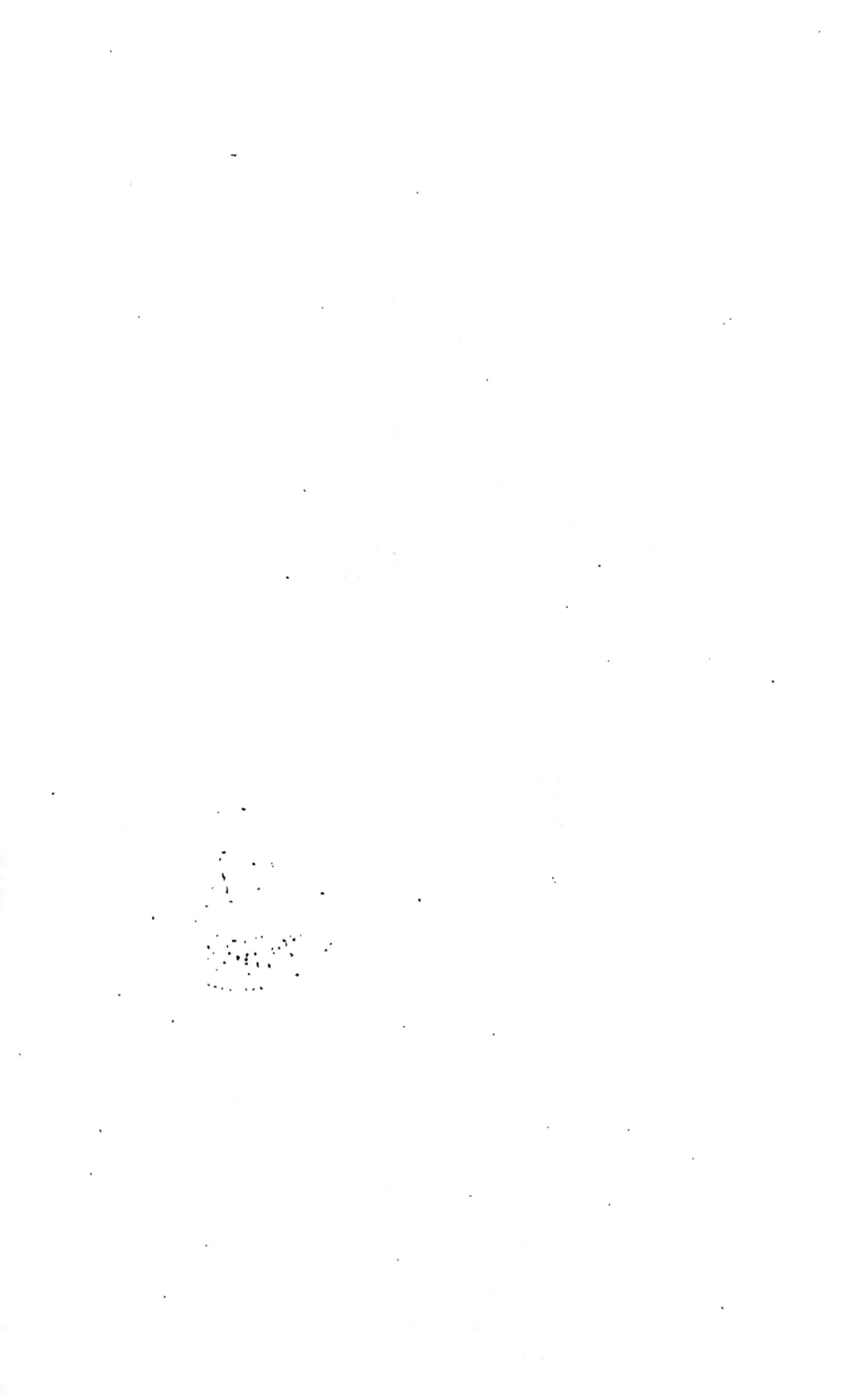

Décret du 28 mai 1895 portant règlement sur le service des armées en campagne. In-18, avec 7 planches, cartonné . . . . 1 fr.
Relié en percaline, titre or . . . . 1 fr. 25 c.

Instruction générale du 4 février 1899 sur la Guerre de siège. *Complément du Décret du 28 mai 1895 sur le service des armées en campagne.* Vol. in-8 oblong, cart. 60 c.
En percaline souple, titre gaufré or sur plat . . . 80 c.

Règlement du 20 juillet 1894 sur le service en campagne de l'armée allemande. *Mis à jour d'après les feuilles rectificatives parues en juillet 1898.* Traduit de l'allemand par le général PÉLOUX, chef d'état-major du gouvernement militaire et du 14ᵉ corps d'armée à Lyon. 2ᵉ édition. 1899. Un volume in-12, broché . . 2 fr. 50 c.

Règlement de 1881 sur le service en campagne de l'armée russe, modifié le 1ᵉʳ janvier 1888. Traduit du russe par G. BARDONNAUT, capitaine du génie breveté, hors cadre, à l'état-major du 9ᵉ corps d'armée. 1896. Un volume in-12, broché . . . . 2 fr.

En route — Aux manœuvres. *Guide administratif à l'usage de MM. les officiers, les sous-officiers et les chefs de détachement,* par le lieutenant A. ANDRÉ. Carnet in-12, texte et papier quadrillé, avec planche de fanions en couleurs, en percaline souple, crayon . . . . 2 fr.

Cinquante Problèmes tactiques sur la carte de Rethel. *Application de nos règlements sur la tactique combinée des différentes armes au stationnement, dans les marches, au combat et dans les petites opérations,* par le commandant DÉVAUREIX, chef d'état-major de la 2ᵉ division d'infanterie. 1892. Un beau vol. grand in-8 de 410 p., avec une carte in-folio au 1/80,000ᵉ . . . . 7 fr. 50 c.

Cavalerie en campagne. *Études d'après la carte,* par le colonel CHERFILS. 2ᵉ édition augmentée. 1893. Un volume grand in-8 de 352 pages, avec 4 cartes, broché . . 6 fr.

Infanterie cycliste en campagne. *Étude sur la carte,* d'après l'ouvrage *Cavalerie en campagne* du colonel CHERFILS, par le capitaine GÉRARD. 1898. Un volume grand in-8, avec 3 cartes in-folio, broché . . . . . 3 fr. 50 c.

Service en campagne et combat d'un détachement (1 bataillon, 1 escadron). *Applications des règlements sur le service en campagne, sur les exercices et les manœuvres de l'infanterie et sur le tir,* par le capitaine ZORN. Traduit sur la 2ᵉ édit. allemande par le lieutenant P. NUEL Volume in-8, avec 1 carte . . . . 3 fr. 50 c.

Nancy, imp. Berger-Levrault et Cie

www.ingramcontent.com/pod-product-compliance
Lightning Source LLC
Chambersburg PA
CBHW071429200326
41520CB00014B/3620